UNE GOUTTE D'EAU

DANS LE

CANAL DE SUEZ

PAR

LÉON LE CORDIER

INGÉNIEUR.

PRIX: **50** CENTIMES

PARIS

E. DENTU, LIBRAIRE-ÉDITEUR

PALAIS-ROYAL, 17 ET 19, GALERIE D'ORLÉANS.

1860

UNE GOUTTE D'EAU

DANS LE

CANAL DE SUEZ

Demandez à cent personnes ce qu'il faut penser du Canal de Suez : à peine en trouverez-vous quelques-unes qui répondront favorablement, et encore, parmi ces dernières, aucune peut-être ne s'abstiendra-t-elle de tempérer son imprudente adhésion par des réticences et des réserves suffisantes pour la mettre, en cas d'événements, à l'abri de tout reproche. Tel est aujourd'hui, cela est triste à dire, l'état général des esprits à Paris. On ne croit pas au Canal de Suez.

Il n'est donc pas inutile que les hommes qui ont eu le bonheur, ainsi que moi, d'avoir sous les yeux, tous les jours, pour ainsi dire, pendant des années, et de posséder, plus nombreuses aujourd'hui que jamais, des preuves irréfutables du succès de cette magnifique entreprise, preuves que des insensés pourraient seuls de pas admettre; que les hommes qui ont les preuves en main, dis-je, travaillent à détromper de bons esprits que des propos perfides, imprudemment répétés, ont égaré momentanément.

Aussi, sans m'arrêter à la certitude du succès prochain du Canal de Suez, ne dois-je pas hésiter à dire hautement la vérité, convaincu non-seulement qu'en principe j'oppose le bien au mal, mais que les manœuvres qui faussent chaque jour l'opinion font parmi les porteurs de titres du Canal de nombreuses victimes, et trop heureux si je pouvais en retenir quelqu'une sur le bord de l'abîme.

Quant au Canal, si bien achevé, si navigable, j'y apporte une simple goutte d'eau.

QUESTION TECHNIQUE

Ce qui est matériellement certain, ce que m'ont appris mes rapports journaliers avec les hommes qui ont fait le Canal, c'est que les travaux ont été conduits avec une habileté exceptionnelle et terminés avec un succès complet. Aujourd'hui, l'œuvre est tellement parfaite, que les plus grands navires de commerce peuvent passer d'une mer à l'autre avec facilité. Les nouvelles officielles publiées et répétées par tous les journaux à l'occasion de l'inauguration, qui est aujourd'hui un fait accompli, en font foi. A l'heure où j'écris, plus de cinquante navires, tant à voiles qu'à hélice et à roues, l'ont parcouru dans toute sa longueur ; la plupart sont d'énorme dimension, et comme ils ne marchaient pas tous dans le même sens, beaucoup se sont croisés en route. Comment s'étonnerait-on de recevoir ces nouvelles, quand on sait que le Canal a cent mètres de largeur à la surface de l'eau ; c'est à peu près la largeur de la Seine au pont des Saints-Pères ou au pont de l'Alma, avec cette grave différence que le Canal de Suez a huit mètres de profondeur d'eau, c'est-à-dire autant et même davantage que les bassins de nos grands ports de commerce, tels que Marseille et le Havre. Est-il besoin de répéter encore une fois que les deux mers étant de niveau et presque dépourvues de marées, l'eau est parfaitement calme dans le Canal, et les courants insensibles. Pour compléter le tableau, signalons les garages, fort nombreux, où la largeur du Canal devient énorme, et les deux lacs intérieurs, d'immense étendue, où un nombre considérable de navires pourraient mouiller sans aucune chance d'encombrement. Voilà pourquoi la flotte d'inauguration a pu transiter avec succès d'une mer à l'autre, et, dans sa marche triomphale, croiser sans la moindre difficulté plusieurs navires de commerce, du plus fort tonnage, qui profitaient de la gratuité du passage pendant les premiers jours, pour se rendre de la mer Rouge dans la Méditerranée. Tel est, à ce jour, le résumé rapide mais sincère de la situation.

Et pour l'avenir, que peut-on craindre? Que les sables portés par le vent du désert viennent encombrer le Canal? que les berges s'effondrent et obstruent le passage? Voilà, si je ne me trompe, les deux plus grosses objections techniques concernant l'exploitation. Peu de mots suffisent pour y répondre : D'abord, le canal d'eau douce, simple rigole, comparé au grand canal, creusé, comme lui, dans le désert où le même vent charrie le même sable, est demeuré pendant plusieurs années sans être entretenu, et pourtant sans être comblé, sans même que sa profondeur d'eau ait sensiblement diminué. Combien faible era donc l'apport des sables dans le Canal maritime! Dans celui-ci d'ailleurs, pendant les dernières années de la période de construction, les vents jetaient régulièrement chaque année une certaine quantité de sable, et on payait aux entrepreneurs une somme annuelle et fixe, mais très-faible, pour leur enlèvement. A l'exploitation, la quantité de sable, et par suite la dépense diminueront, parce que les plantations faites sur les rives du Canal, et qui prospèrent très-bien, arrêteront le sable, comme les plantations des Landes arrêtent les dunes, et d'ailleurs, toutes choses étant mises au pis, chaque action serait, de ce chef, grevée d'une somme annuelle d'environ un franc, c'est-à-dire d'une charge insignifiante.

Quant à l'effondrement des berges, on peut affirmer sans crainte qu'il entraînera une dépense bien

moindre encore, car on doit le considérer comme
absolument impossible. Les berges ont en effet une
pente tellement douce que la largeur du plafond étant
de 22 mètres, celle de la surface est, comme on sait,
de 100 mètres; toute la différence, soit 78 mètres,
donne la mesure des talus, c'est donc 39 mètres pour
chaque talus, dont la hauteur mesurée verticalement,
n'est autre que la profondeur de l'eau, soit 8 mètres.
Les talus de nos chemins de fer ne nous donnent
aucune idée d'une forme aussi évasée, et par suite
aussi stable. Il est clair qu'on a cherché — et on a bien
fait — un excès de solidité, afin de n'avoir pas à y
revenir plus tard. Encore faut-il noter que le passage
des navires agitant seulement la surface et non le
fond de l'eau, on a eu soin de réserver pour les parties les moins profondes, c'est-à-dire voisines des
berges, les inclinaisons les plus douces, imitant ainsi,
sans l'exagérer, la pente naturelle de nos plages de
sable dont nous savons tous que les vagues de la mer
ne provoquent point l'effondrement. Il est vrai que
sur trois points exceptionnels, dans les immenses
tranchées qui traversent les seuils élevés, les parties
profondes ayant toujours les mêmes mesures, les
plages ou berges plates sont réduites à de faibles pro-
portions; mais sans compter qu'une partie du Canal
a été creusée à la mine dans le rocher, des em-
pierrements solidement établis protègent tous les
points où les berges auraient quelques chances de
se trouver corrodées. Voilà pourquoi le passage des
navires qui ont jusqu'à ce jour circulé dans le canal

n'a pas produit la moindre corrosion des berges.

On pourrait multiplier les objections techniques : à toutes celles qui ont quelque apparence de valeur sérieuse, M. Lavalley a répondu avec autant de talent que de succès, au mois de novembre 1868, dans une séance de la société des ingénieurs civils de Paris. On ne peut mieux se renseigner sur tous ces sujets, si on veut se rassurer d'une manière absolument complète, qu'en se reportant au compte rendu de cette remarquable discussion dont la conclusion a été entièrement favorable au succès du Canal.

QUESTION COMMERCIALE

Envisageons maintenant le côté commercial de la question, et répondons brièvement, mais d'une manière catégorique, à cette allégation insensée : le Canal ne rapportera rien.

Qu'on prenne une mappemonde, ou mieux un planisphère, et qu'on teinte en noir, avec un crayon, les pays principaux en augmentant l'intensité de la teinte sur les régions les plus peuplées et les plus commerçantes. Il suffit de regarder à distance la figure ainsi obtenue pour voir clairement que le monde entier se compose de deux parties à peu près

égales, autrefois séparées par l'Isthme de Suez, aujourd'hui réunies par le Canal, qui occupe, à la lettre,
le point le plus central du monde habité. Entre ces
deux moitiés du monde, quelle a été jusqu'à ce jour la
route de communication, quel a été le mouvement
des transactions? Tout le monde connaît la réponse :
Il a fallu doubler le cap de Bonne-Espérance, et ce-
pendant, malgré la longueur et les dangers de la
route, le mouvement commercial, mesuré au cap, a
été représenté en 186 par plus de onze millions de
tonneaux.

Or, à cette ancienne route, une voie nouvelle est dé-
sormais substituée, plus courte de trois mille lieues,
infiniment moins dangereuse. M'accordera-t on que
lorsqu'un régime normal sera établi, l'ancienne route
sera abandonnée pour la nouvelle? On ne peut le
nier raisonnablement, tout en soutenant, ce qui ne
peut être nié non plus, qu'il faudra des années pour que
le commerce renonce complétement à ses anciennes
habitudes, et s'approprie tous les avantages inhérents
au régime nouveau. En un mot le passage par l'Isthme
de Suez constituera pour le commerce du monde
entier une révolution profonde, radicale, mais indu-
bitable. Or, on le sait : toutes les fois qu'à une route
imparfaite est substituée une voie de communication
meilleure, non-seulement la nouvelle voie béné-
ficie du mouvement de l'ancienne, mais elle livre passage, après établissement du régime normal, à un
mouvement double, triple, souvent même quintuple
ou décuple : les chemins de fer en font foi. En pré-

sence de ces données, que nul ne saurait contester, et en considérant qu'un cabotage important sera créé par les pays voisins de l'Égypte et par l'Égypte elle-même, il est très-raisonnable de penser que dans une dizaine d'années, le mouvement annuel par le canal de Suez atteindra facilement trente ou quarante millions de tonneaux, ce qui permettra à la Compagnie de distribuer aux porteurs de ses titres quelque chose comme mille francs par action, et quinze cents francs par délégation, car on sait qu'en chiffres ronds une délégation n'est autre chose que la jouissance d'une action et demie pendant vingt-cinq ans. Que maintenant les pessimistes rabattent quelque chose de ces chiffres énormes qui dépassent les prévisions que la Compagnie, dans sa modération, a cru devoir avouer c'est leur droit et c'est dans leur rôle, mais qu'ils n'oublient pas que pour obtenir les chiffres ci-dessus il suffit d'attribuer au Canal un mouvement triple du mouvement actuel par le Cap, et que cette attribution, tout bien pesé, n'a rien d'immodéré : pour ma part, je ne la crois pas entachée d'optimisme, et ce qui me donne surtout à penser qu'on réalisera promptement de tels résultats, c'est que dès aujourd'hui tou les navires actuels de commerce, sans exception, son aptes à suivre la nouvelle route. On fera mieux san doute (et on le fait déjà) en adaptant aux voilier l'hélice auxiliaire ; mais tels qu'ils sont, nos bâtiment de commerce, tant à voile qu'à vapeur, ont un im mense avantage à préférer la voie du Canal à la voi du Cap, et à nombre égal ils peuvent, grâce à l brièveté de la route, faire deux fois plus de voyages dans un temps donné et suffire, par conséquent, à un mouvement immédiat de vingt-deux millions de tonneaux par an. C'est donc seulement la question d'un simple changement dans les habitudes prises qu'il s'agit de résoudre, et si grave qu'elle puisse être, peu d'années s'écouleront, ce semble, avant qu'elle ait reçu sa solution normale.

QUESTION FINANCIÈRE

Il me reste enfin à envisager la question sous un dernier aspect, je veux dire au point de vue financier, et c'est ici qu'en présence des circonstances actuelles il est surtout important que les porteurs de titres du Canal et le public soient parfaitement éclairés et prémunis contre les dangers qui, chaque jour, entraînent à leur perte de nombreuses victimes.

Le Canal coûte, en nombres ronds, 450 millions, dont 150 ont été remboursés en cours d'exécution, de sorte qu'il n'en coûte en réalité que 300, savoir : 200 versés par les actionnaires et 100 par les obligataires. Aujourd'hui le Canal est achevé, et la Compagnie n'a presque plus rien à payer, ni pour le parfaire, ni pour l'entretenir. Elle vient, d'ailleurs, de réaliser, comme chacun sait, une créance de 30 millions dont, à l'heure qu'il est, plus de vingt-neuf sont entrés dans sa caisse. Elle peut donc, sans la moindre crainte, envisager l'avenir et commencer à exploiter son Canal. On a dit que la première année serait infructueuse; c'est une erreur que combattent les considérations précédemment exposées sur la question commerciale; mais pour la combattre plus directement, il convient de faire remarquer que pour l'année 1870, le seul port de Marseille fournira au Canal de Suez un mouvement de 700,000 tonneaux et, par conséquent un revenu de 7 millions de francs. On peut s'en convaincre en constatant sur les journaux, l'annonce des départs périodiques. Or, pour que les actionnaires touchent 5 p. 100 sur les bénéfices nets de l'exploitation, il suffit d'un revenu annuel de 25 millions. Qui pourrait donc penser que ce chiffre ne sera pas dépassé, et de beaucoup par le produit du commerce du monde entier, quand le seul port de Marseille fournit déjà 7 millions à lui seul.

Voilà pour l'année 1870. Quant aux suivantes, ce que j'ai dit plus haut montre jusqu'à quel point les plus brillantes espérances des actionnaires seront très-probablement dépassées par les résultats.

Il ne faut pas oublier d'ailleurs que la vente de terrains du canal sera réalisable dès que sera établi en Egypte une juridiction entre étrangers et indigènes, et que la compagnie qui en partagera les pro duits par moitié avec le vice-roi trouvera là une source inappréciable de richesses. Des villes entières, et l'une d'elles au moins, Port-Saïd, est appelée à devenir l'un des plus grands entrepôts maritimes du monde, seront vendues au profit de la compagnie et du vice-roi, maison par maison, lot par lot ; déjà le prix des terrains demandés atteint les mêmes chiffres que dans nos grands ports maritimes de France ; quant à l'étendue des terrains susceptibles d'être vendus, elle est aujourd'hui de 170 millions de mètres carrés, mais aux termes des traités, elle s'accroîtra progressivement à mesure que les centres de population deviendront plus étendus et plus nombreux

En présence de l'ensemble de tous ces faits, dont la réalité ne saurait être raisonnablement contestée par personne, comment s'explique cette énorme dépréciation sur le marché de Paris des titres du Canal de Suez depuis le 2 août jusqu'à ce jour ? Comment ! dit-on, le Canal s'achève, le Canal s'inaugure, les souverains, les princes font de longs et périlleux voyages pour aller les premiers applaudir au succès de la plus grande œuvre de notre siècle, la Compagnie a 30 millions en caisse, les actionnaires toucheront certainement des dividendes tels qu'aucune opération n'en a jamais donnés, il est certain qu'entre l'Orient et l'Occident une route est enfin ouverte, à laquelle nulle autre ne peut faire concurrence, et malgré tout cela, les cours de la Bourse sont de plus en plus bas ! Cela ne se comprend pas ! Il y a, comme chacun le dit dans un langage familier, il y a quelque chose là-dessous.

— Oui, sans doute, et en présence de cet ensemble de preuves accablantes, comment chacun ne le verrait-il pas clairement? comment ne l'a-t-on pas déjà vu de puis longtemps? Ah! c'est que les meneurs de la baisse sont aussi adroits qu'indélicats, et que grâce à l'énorme éloignement de l'Egypte, ils ont pu, par une série de manœuvres perfides, mais éminemment habiles, réussir à fausser jusqu'à ce jour l'opinion publique et jeter l'épouvante parmi les actionnaires. Sans entrer dans les détails, qui seraient pourtant très-instructifs et non dépourvus d'intérêt, voici en résumé le fond de leurs manœuvres. Avant l'assemblée générale du 2 août, quelques doutes sur le succès de l'œuvre étaient encore répandus dans l'esprit des futurs baissiers, mais ce jour-là le vote sur l'émission des délégations, ce tonnerre d'applaudissements qui accueillait les explications données par M. de Lesseps ont dissipé les dernières incertitudes. La souscription réductible, couverte en quelques minutes, mettait le comble à leur conviction. Dès lors l'occasion de gagner, en les volant, je le veux bien, mais enfin de s'approprier des sommes énormes, des millions, était belle. Il s'agissait d'inventer avec une fécondité inépuisable et de répandre adroitement, sans se démasquer (car la prison était à craindre et l'amende aussi), toutes les calomnies imaginables; c'est par douzaines, par centaines qu'on les a multipliées : deux ou trois par jour. De temps en temps la Compagnie en relevait quelques-unes, mais dans l'officine ténébreuse on doublait la production à ces occasions et promptement le *mal* était réparé. — Pendant ce temps, on faisait à grand bruit des ventes sur le marché, tandis qu'en silence on achetait, et non-seulement on achetait ce qu'avait vendu le compère, mais surtout on achetait des titres extorqués, grâce à ces honnêtes moyens, aux actionnaires terrifiés ou aux spéculateurs abusés par la persistance des propos chaque jour reproduits et qui, par un excès de perfidie, paraissaient souvent sortir des bouches les plus respectables et les plus autorisées. Car il faut le reconnaître, quand on a prêté quelque attention au spectacle dégoûtant, mais instructif de la baisse des titres du Canal de Suez, tous les fourbes de l'antiquité et des temps modernes ne sont que des enfants naïfs comparés aux chevaliers d'industrie qui ont produit ce chef-d'œuvre.

Voilà ce qui ne doit pas rester ignoré par les hommes sérieux ; il faut qu'ils sachent, à n'en pas douter, qu'il est matériellement impossible que la Compagnie ne prospère pas, et qu'ils se convainquent bien que les imposteurs qui cherchent à la discréditer sont vendus à de riches filous, dont l'unique but est d'accaparer, au plus bas prix possible et aux dépens des vendeurs, les titres les plus précieux et dont la valeur leur paraît le moins contestable.

LÉON LE CORDIER,
Actionnaire de la Compagnie.

Paris, 23 novembre 1869.

Paris. Imp. Balitout, Questroy et Cᵉ, 7, rue Baillif et rue de Valois, 18.

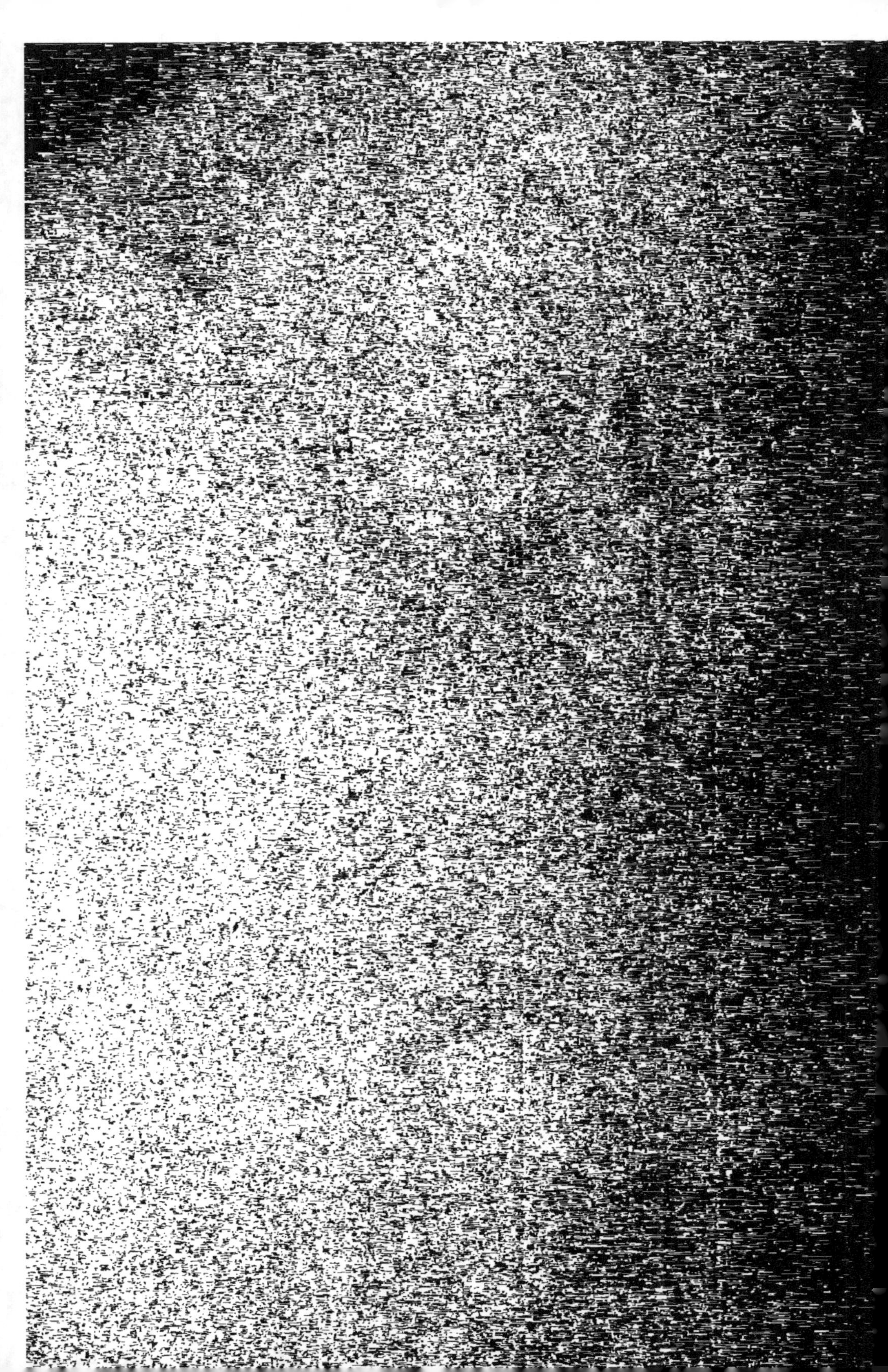